前 言

据统计，全国现有登记在册的吸毒人员中，35 岁以下的青少年占 2/3 以上，其中，绝大部分青少年是在不了解毒品的危害性的情况下染上毒瘾的。青少年正处在生理、心理发育时期，好奇心重，判别是非能力不强，抵制毒品侵袭的心理防线薄弱，加之对毒品的危害性和吸毒的违法性缺乏认识，所以最容易受到毒品的侵袭。本书引用国际禁毒日主题“无毒世界　我们能做到”作为书名，以期青少年读者能认清危害，远离毒品，共同构建无毒的世界。

本书摒弃了传统的说教方式，以“无毒世界　我们能做到”为主题，始终围绕“只有真正认识毒品，才能更好地远离毒品”的宗旨，告诉青少年如何正确认识、对待毒品，自觉地远离毒品。从科学的角度出发，通过浅显易懂的语言文字和图片实例，深入浅出地向青少年介绍了毒品的起源、概念特征、分类及危害。讲述了为什么吸毒会上

瘾，为什么毒瘾难戒掉，让青少年知道成瘾性产生的医学机制，让他们能主动拒绝毒品。本书还用生动的实例告诉青少年如何鉴别吸毒人员，戳穿吸毒人员设的圈套，提高青少年对毒品的免疫力。由于很多毒品同时也是药品，属麻醉类药品或精神类药品，具有双重属性，所以本书还特别讲述了毒品与药品间的联系和区别，清楚地告知青少年“药品与毒品仅一步之遥”。此外，本书还介绍了禁毒的法规、戒毒措施、预防须知等方面的知识，提高青少年禁毒意识和拒毒能力。

为了提高本书的教育和警示意义，书中多采用真实案例，部分源于新闻素材。在此，向促成本书完成的记者、摄影师、案例的文字作者，一并表示诚挚的谢意。

本书结构合理、语言生动、形式新颖、案例翔实，实用性强，具有良好的教育和警示作用，希望本书的出版能为禁毒教育尽一份绵薄之力。

WUDU SHIJIE
WOMEN NENG
ZUODAO
JINDU ZHISHI DUBEN

无毒世界
我们能做到
——禁毒知识读本

主审◎陈东生　主编◎黄　璞
编者◎史　琛　赵　瑛
主编单位　华中科技大学同济医学院附属协和医院

长江出版传媒｜湖北科学技术出版社

图书在版编目（CIP）数据

无毒世界我们能做到：禁毒知识读本 / 黄璞主编.
—武汉：湖北科学技术出版社，2013.04（2023.11 重印）
ISBN 978-7-5352-5219-7

Ⅰ.①无… Ⅱ.①黄… Ⅲ.①无毒世界我们能做到-课外读物 Ⅳ.①G624.63

中国版本图书馆CIP 数据核字（2012）第 200360 号

责任编辑：赵襄玲　　封面设计：戴　旻　胡　博

出版发行：湖北科学技术出版社　　电　　话：027-87679468
地　　址：武汉市雄楚大街 268 号　　邮　　编：430070
（湖北出版文化城 B 座 13-14 层）
网　　址：http://www. hbstp.com. cn

印　　刷：武汉临江彩印有限公司　　邮　　编：430019

880×1230　1/32　2.625 印张　80 千字
2013 年 04 月第 1 版　2023 年 11 月第 15 次印刷
定价：12.00 元

目 录

MULU

远离毒品

附录

毒品起源

吸毒是我国的惯用说法，在医学上多称药物依赖和药物滥用，国际上的通用术语为麻醉品滥用或药物滥用。从这些专业术语可以看出，人类最初与毒品打交道，是因为它具有药用价值，适当的剂量可以治病救人；但是，在治疗中人们逐渐发现这些药品的毒副作用很大，能破坏人体正常生理功能，使人精神颓废错乱、沾染多种疾病甚至导致死亡。而“瘾君子”却利用它们产生的梦幻般的感觉来寻求刺激、逃离现实。毒品的历史就是一个个从药品到毒品不断转化的历史。

早在新石器时代，人们就在小亚细亚以及地中海的东部山区发现了野生罂粟，在青铜时代后期（约公元前1500年）罂粟传入埃及，公元初年传入印度，唐朝初年由阿拉伯商人朝贡给中国皇帝而逐步传入，当时把鸦片称为“底也伽”。由于野生罂粟花很美丽，人们就把罂粟作为一种名贵的观赏花草加以栽培。后来又逐渐发现罂粟的汁液（鸦片）是一种能够治疗某些疾病（有镇痛、镇静、止咳等作用）的药品。唐代至明代的600余年间，罂粟与鸦片的药理作用被历代名医日益认识并逐步推广。一些中医开始利用罂粟籽和壳作为与其他中药配伍的药材。明朝末年，在追求享乐的氛围中，鸦片成了贵族热衷的“神品”，逐步形成一个吃鸦片的阶层，鸦片从药品蜕变为奢侈品。到了清朝初年，吸食鸦

▲阿拉伯商人将药材朝贡给中国皇帝

片逐渐成为当时社会的不良习俗。19 世纪 30 年代，鸦片问题开始动摇清朝封建统治基础，亦关系到国家与民族的生死存亡。

最先在中国泛滥的毒品是鸦片，最先在世界范围内泛滥的毒品也是鸦片。到了 19 世纪初，鸦片以各种形式被人类使用了几千年之后，德国一位名为泽尔蒂纳的年轻化学家从鸦片中分离出一种生物碱，因其具有梦境般的镇痛效果，所以科学家就以希腊神话中的梦境与睡眠之神——摩耳甫斯（Morpheus）的名字将这种麻醉镇痛剂命名为“吗啡”（Morphine），这在当时被视为医学史上的伟大发现，一时轰动了整个欧洲医学界。但不过数十年，它的毒副作用就明显地表现出来，人们只有继续寻找可以替代吗啡来镇痛的新药。

1859 年，奥地利的化学家亚尼耶马纳从古柯叶中提炼出麻药成分可卡因，它同样具有很大的毒副作用。因其成瘾性强，并对吸食者健康产生伤害，1914 年，美国宣布将可卡因列为禁药。至今绝大部分国家都将可卡因视为毒品。

1874 年，英国化学家伟特最先利用吗啡加上双乙酰，在炉上燃煮，增强效力，合成出二醋吗啡。1897 年，德国拜耳药厂化学家荷夫曼将二醋吗啡制成药物，止痛效力远高于吗啡，并取名为海洛因（Heroin），意指英雄。海洛因的出现也曾作为伟大的发明而轰动一时，认为它可以取代鸦片和吗啡，因为它具有吗啡和鸦片的医用价值，却又无毒副作用。1898—1910 年，该药上市时，以“不会上瘾的吗啡”为口号做宣传，更曾用作儿童止咳药，若干年后才发现该药在肝脏中会转化成吗啡，毒副作用是吗啡的 4~8 倍。

▲化学家做实验

目前，世界上有五大“毒窟”，包括位于东南亚的“金三角”地区，即泰国、缅甸和老挝三国接壤的地区，曾被称为“鸦片王国”；南亚“金新月”地区，即阿富汗、巴基斯坦和伊朗三国交界地区，为世界上最大的鸦片产地之一；南美洲的“白三角”或“银三角”地区，横跨南美洲五国（哥伦比亚、玻利维亚、秘鲁、墨西哥和牙买加），它是继“金三角”“金新月”之后的世界上第三大毒品基地；非洲的“黑三角”即尼日利亚、加纳、肯尼亚、苏丹和南非五国接壤的边境地带和黎巴嫩的“第四产地”；还有一个以黎巴嫩贝卡谷地为中心的山区，其毒品主要贩卖到欧洲。

毒品的概念和特征

毒品，从字面上理解，就是有毒害的物质。我们熟知的如砒霜、农药、氰化钾、一氧化碳等都对人体有毒害，这些物质进入人体后，通过化学作用破坏体内组织和生理功能，在一定条件下，可以引起人、畜的急慢性中毒，危及身体健康甚至导致死亡，为什么他们不属于毒品呢？因为，我们常说的海洛因、吗啡等毒品除了对身体具有毒害性外，还会使人成瘾，如果停止使用后，身体就像生病一样难受，为了排解这种沮丧感，需要不断吸食毒品，对其形成了依赖，犹如步入了魔鬼和死神的陷阱，难以摆脱。因此，依赖性是区别毒品和一般毒害物质的依据。

香烟和酒精同样具有上述的毒害性和依赖性，为什么它们只是嗜好品而不是毒品呢？从医学角度来看，毒品的本质是一种药品，本意是用来防病治病、缓解病痛或维护健康的。但是这些药品如果被不当使用或者滥用，就成了危害人类的毒品。国家禁毒法律将这些可能滥用的麻醉药品和精神药品列入了专门管制，这是区分毒品和一般嗜好品的依据。如果某种物质仅仅具有毒害性和依赖性，而没有被国家列入管制物品，那么也不能成为毒品。

吗啡是药品，为什么也是毒品呢？这就与毒品的另一属性——非法性有关了，毒品还须是与违法犯罪行为有关的物质。被列入国家禁毒法律规定管制的麻醉药品和精神药品，如果以医疗、科研为目的，被生产、加工、运输和使用时，它的本质属性仍然是药品；但是，如果违反了国际公约和国内法律的有关规定而用于非法目的，这些药品就会转化为毒品。

因此，毒品是指那些具有毒害性、依赖性、被国家规定管制的、与违法犯罪行为有关的麻醉药品和精神药品。

目前，世界上流行的主要毒品有罂粟、鸦片、吗啡、可卡因、海洛因、大麻、古柯、安非他明（冰毒）等。

毒品的分类

2007 年我国卫生部公布了 123 种麻醉药品和 132 种精神药品。毒品种类很多，范围很广，分类方法也不尽相同。

● **从来源看** 可分为天然毒品、半合成毒品和合成毒品三大类。天然毒品是直接从毒品原植物中提取的，如鸦片。半合成毒品是由天然毒品与化学物质合成而得，如海洛因。合成毒品是完全用有机合成的方法制造的，如冰毒。

● **从对人体中枢神经的作用看** 可分为抑制剂、兴奋剂和致幻剂等。抑制剂能抑制中枢神经系统，具有镇静和松弛作用，如鸦片类。兴奋剂能刺激中枢神经系统，使人产生兴奋，如苯丙胺类。致幻剂能使人产生幻觉，导致自我歪曲和思维分裂，如麦司卡林。

● **从自然属性看** 可分为麻醉药品和精神药品。麻醉药品是指对中枢神经有麻醉作用，连续使用易产生生理依赖性的药品，如鸦片类；精神药品是指直接作用于中枢神经系统，使人兴奋或抑制，连续使用能产生依赖性的药品，如苯丙胺类。

● **从流行的时间顺序看** 可分为传统毒品和新型毒品。传统毒品一般指鸦片、海洛因等阿片类流行较早的毒品；新型毒品是相对传统毒品而言，主要指冰毒、摇头丸等人工化学合成的致幻剂、兴奋剂类毒品。新型毒品在我国主要从 20 世纪末、21 世纪初开始在娱乐场所中流行。

除了传统意义上的几类毒品外，广义的毒品还包括毒品原植物和生产毒品的原料，如制造鸦片和海洛因的罂粟，提取可卡因的古柯，大麻，及制造冰毒的麻黄碱等。

毒品的种类和范围不是一成不变的，在不同的时期、不同的国家，毒品的范围也不一样。而且随着某些新型毒品的发现和合成问世，以及某些具有成瘾性的药品被滥用，这些药物就会被列为新的受管制药品，毒品的种类和范围也将不断扩大。

常见传统毒品及其危害

传统毒品一般指鸦片、海洛因等阿片类流行较早的毒品。下面介绍几种常见的传统毒品及其危害。

罂粟

■**鸦片** 又名阿片，俗称大烟。鸦片是从一种一年生草本植物罂粟未成熟蒴果经割伤果皮后，渗出的白色乳汁干燥凝固而得，含多种鸦片生物碱。因产地不同而呈褐色或黑色，味苦。生鸦片经过烧煮和发酵，可制成精制鸦片，吸食时有一种强烈的香甜气味。罂粟壳也是国家规定管制的一种麻醉药，一些不法商家把罂粟壳作为火锅底料，使人成瘾。

初吸鸦片时会感到头晕目眩，恶心或头痛，尚能保持职业和智力活动，但多次吸食后，则使人变得瘦弱不堪、面无血色、目光发直发呆、失眠。长期吸食鸦片，可使人丧失免疫力，极易感染各种疾病。吸食成瘾后，可引起体质严重衰弱和精神颓废。过量吸食可引起急性中毒，因呼吸抑制而导致死亡。

■**吗啡** 为无色或白色结晶粉末状，是从鸦片中分离出来的一种生物碱。在医学上，吗啡为麻醉性镇痛药，可减轻末期癌症病人、大面积烧烫伤患者的痛苦。其最大的副作用是易成瘾，临床使用必须由医生严格控制，不能滥用。

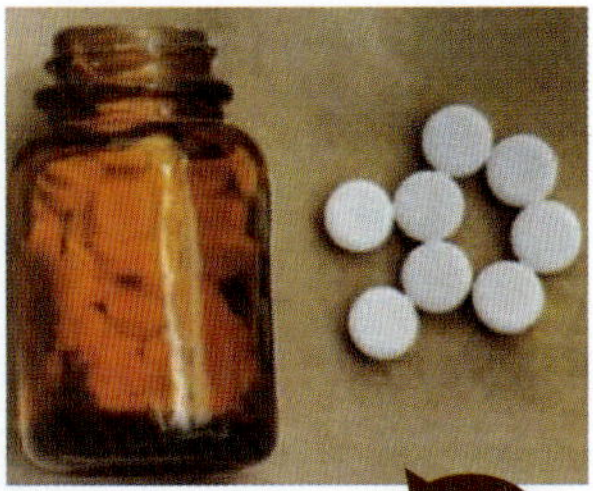

吗啡

吸食吗啡可使人产生一系列副作用，在中枢神经方面，表现为嗜睡和性格的改变；可造成人的注意力、思维和记忆力衰竭。由于吗啡的极易成瘾性，吸食后会产生欣快感，比鸦片更易成瘾，长期使用会引起精神失常和幻想，过量使用会引起呼吸衰竭而死亡。

袋装海洛因

■**海洛因** 学名二醋吗啡，一般为白色粉末状态，故俗称白粉，味苦。海洛因以纯度不同而以 1 号、2 号、3 号、4 号区分。海洛因曾被用作麻醉性镇痛药，其镇痛效力是吗啡的 4~8 倍，但其不良作用远远超过药用价值，因而在医学上早已被禁用。

大多数情况下，吸食海洛因两三次后就会上瘾，其致死量仅为 50~70mg。初次吸食海洛因时，感觉不舒服，头晕目眩，恶心或头痛，吸食成瘾后会使人达到半麻木的冥想状态。成瘾后，人会产生无法抗拒的心理和生理依赖；外表特征是嗜睡、感情麻木、沉默寡言、无动于衷。常常会双目无神地盯着空间，瞳孔缩得很小，畏光，容易激动，说话含混不清，身上发痒，身体迅速消瘦，容易引起各种疾病，注射吸食还易传播艾滋病等疾病，用量过度会引起昏迷、呼吸抑制而死亡。

古柯

■ **古柯** 是生长在美洲大陆、亚洲东南部及非洲等地的热带灌木，为南美洲的传统种植物。古柯树株高 1.5~3 m，生长周期为 30~40 年，每年可采摘古柯叶 3~4 次。古柯叶是提取古柯类毒品的重要来源。古印第安人有咀嚼古柯叶的习惯，嚼食这种植物的叶子可以消除疲劳，提高情绪，因此很早就开始使用。但长期使用会引起医学上称为偏执狂型的精神病；如果怀孕妇女服用，有可能导致胎儿的流产、早产或死产；大量服用，能刺激脊髓，引起人的惊厥，严重的可因呼吸衰竭以致死亡。从古柯叶中可分离出一种最主要的生物碱——可卡因。

■ **可卡因** 可卡因是 1860 年德国化学家尼曼（Alert Niemann）从古柯叶中分离出来的一种白色晶状的生物碱，学名苯甲基芽子碱。因其形状像雪，又称之为白雪。是强效的中枢神经兴奋剂和局部麻醉剂。

可卡因

可卡因是成瘾性最强的毒品之一。小剂量的可卡因能有短暂的精神充沛和欣快现象，甚至可以抵消饥饿、困倦和疲劳，但会导致心律减缓；若长期和大剂量使用，可使人精神日益衰退，有的发展成为偏执型精神病，可出现呕吐、震颤、痉挛、惊厥等现象，使人做出难以预料的荒诞行为和可怕举止，甚至只有施暴才能释放其能量。70mg 的可卡因，可使 70kg 的成年人当场毙命。

■ 大麻 又称大麻草，是荨麻目大麻科草本植物，特指雌性植物经干燥的花和毛状体。其主要有效化学成分为四氢大麻酚(简称 THC)。大麻类毒品主要包括大麻烟、大麻脂和大麻油。因它具有强烈的致幻作用，使大麻成为吸毒者追逐的对象。

大麻

吸食大麻对人的中枢神经作用强烈，可在几分钟内让人达到精神兴奋，易动感情乃至号啕大哭，但 2 小时后便跌入低谷，口干舌燥、心率加快、血压不稳、喉头发痒，痛苦异常。长期吸食能引起精神障碍，并破坏人体免疫系统。一旦停用则出现失眠、食欲减退、性情急躁、易怒、呕吐、颤抖等症状。

新型毒品及其危害

所谓新型毒品是相对鸦片、海洛因等传统毒品而言的，主要指人工化学合成的致幻剂、兴奋剂类毒品。是由国际禁毒公约和我国法律法规所规定管制的、直接作用于人的中枢神经系统，使人兴奋或抑制，连续使用能使人产生依赖性的精神药品（毒品）。

1919 年，日本一位化学家首次合成了后来被称为冰毒的甲基苯丙胺。二战期间，甲基苯丙胺作为抗疲劳剂在士兵中广为使用。二战后，日本将其军队中库存的苯丙胺类药物投入市场，造成了 20 世纪 50 年代的首次滥用大流行。20 世纪 90 年代后，以冰毒、摇头丸为代表的“舞会药”在全球范围形成流行性滥用趋势，滥用群体从早期的摇滚乐队、流行歌手和一些亚文化群体蔓延至以青少年群体为主的社会各阶层。

一、新型毒品与传统毒品的区别

● **毒品来源**　新型毒品大部分是通过人工合成的化学类毒品，而鸦片、海洛因等麻醉药品主要是由罂粟等毒品原植物经加工的半合成类毒品。所以新型毒品又叫“实验室毒品”“化学合成毒品”。

● **药理作用** 新型毒品对人体主要有兴奋、抑制或致幻的作用，而鸦片、海洛因等传统的麻醉药品对人体则主要以“镇痛”“镇静”为主。

● **吸食方法** 海洛因等传统毒品多采用吸烟式或注射等方法吸食滥用。新型毒品大多为片剂或粉末，吸食者多采用口服或鼻吸式，具有较强的隐蔽性。

● **吸食危害** 海洛因等传统毒品吸食者一般是在吸食前犯罪，由于对毒品的强烈渴求，为了获得毒资而去杀人、抢劫、盗窃；而冰毒、摇头丸等新型毒品吸食者一般由于在吸食后会出现幻觉、极度的兴奋、抑郁等精神症状，从而导致行为失控造成暴力犯罪。

二、新型毒品的种类

随着科学技术和制药工业的进步和发展，精神药物的范围和种类不是固定不变的，新型毒品滥用的品种也将不断增多。根据新型毒品的毒理学性质，可以将其分为四类。

● **第一类** 以中枢兴奋作用为主，代表物质是包括甲基苯丙胺（俗称冰毒）在内的苯丙胺类兴奋剂。

● **第二类** 是致幻剂，代表物质有麦角乙二胺（LSD）、麦司卡林和分离性麻醉剂（苯环利定和氯胺酮）。

● **第三类** 兼具兴奋和致幻作用，代表物品是二亚甲基双氧安非他明（MDMA，我国俗称摇头丸）。

第四类 是一些以中枢抑制作用为主的物质，包括三唑仑、氟硝安定和 γ－羟丁酸等。

三、常见新型毒品

冰毒

■**冰毒** 即甲基苯丙胺，外观为纯白结晶体，故称之为“冰”。对人体中枢神经系统具有极强的刺激作用，且毒性强烈。该药小剂量时有短暂的兴奋抗疲劳作用，故其丸剂又被称为“大力丸”。冰毒的精神依赖性很强，吸食后会产生强烈的生理兴奋，大量消耗人的体力和降低免疫功能，严重损害心、脑组织甚至导致死亡。还会造成精神障碍，表现出妄想、好斗、错觉，从而引发暴力行为。

2000年2月7日，福建厦门一居室内发生了一场激烈的枪战。警方调查发现，开枪者是两名外地人，他们不仅合伙秘密加工制造冰毒，而且本身就是冰毒的吸食者。两人吸食冰毒后产生了强烈地幻觉，神志不清，怀疑被人监视，两人竟互相开枪对射了40余发子弹。

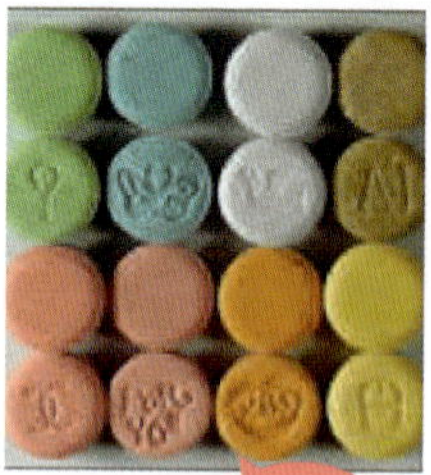
摇头丸

■**摇头丸** 兼具兴奋和致幻作用，代表物质是3,4-亚甲二氧基甲基苯丙胺（MDMA），外观为圆形或其他形状片剂，颜色、图案各异。因听到节奏狂放的音乐便会不由自主地随音乐摆动头部，故称“摇头丸”。它有强烈的中枢神经兴奋作用和精神依赖性，对大脑有严重的损害。服用后表现为：活动过度、感情冲动、性欲亢进、嗜舞、偏执、妄想、自我约束力下降以及出现幻觉、空间定向力障碍和暴力倾向等。成瘾者会出现头晕、乏力、体重减轻、失眠、恶心等症状，长期服用导致产生精神分裂，过量则导致死亡。

一女生在酒吧服下摇头丸后，先是感到浑身发热，坐着坐着就想晃动身体，越想忍住就越想摇头，不摇就会浑身冒汗，上下牙打架，莫名的兴奋会从骨子里钻出来，该女生一直摇头不止，直到呼吸困难、全身抽搐、倒地人事不省，被送医院抢救才挽回生命。

■K 粉　即“氯胺酮”，静脉全麻药，有时也可用作兽用麻醉药。一般人只要足量接触两三次即可上瘾，是一种极有危险性的精神药品。K 粉外观是白色结晶性粉末，无臭，易溶于水，可随意勾兑进饮料、红酒中服下，通常在娱乐场所被滥用。服用后遇快节奏音乐便会强烈扭动，会产生意识与感觉的分离状态，出现幻听、幻觉、幻视等，对记忆和思维能力造成严重的损害。

袋装 K 粉

一位 18 岁的女病人 2 年前开始吸食氯胺酮，当医护人员为她做智力测验时，发现她的智力已下降至 86，与医学上对智障者所定义的 70 相距不远，而正常人的平均智力应该在 100 以上。

LSD

■**麦角乙二胺（LSD）** 纯的LSD无色、无味，最初多制成胶囊包装。目前最为常见的是以吸水纸的形式出现，也有发现以丸剂（黑芝麻）形式销售。LSD是已知药力最强的致幻剂，极易为人体吸收。服用后会产生幻视、幻听和幻觉，出现惊慌失措、思想迷乱、疑神疑鬼、焦虑不安、行为失控和完全无助的精神错乱症状。同时会导致失去方向感、辨别距离和时间的能力，因而使身体严重受损或导致死亡。

吸食完LSD的青年本来站在高楼上，却错误地判断自己在平地上，于是本想“走”到街上，却从高楼上跳了下来。吸食完LSD者，面对迎面而来的汽车，却错误地判断车离自己还很远，于是迎着车走了过去……

瓶装γ－羟丁酸

■**γ－羟丁酸** 又称“液体迷魂药”或“G”毒，在香港又叫作“fing霸”“迷奸水”，是一种无色、无味、无臭的液体。吸食者服用后可出现性欲增强的特点并产生快速睡意，苏醒后会出现短暂性记忆缺失，即对昏迷期间发生的任何事件无记忆，常被犯罪分子利用实施强奸。

香港一名22岁女子在参加狂野派对时服下一种名为“fing霸”的药后，脑内一片空白，并有强烈的性兴奋，在卫生间昏迷过去。事后朋友们将她送进医院，医生为其检查身体时才惊奇地发现：她已遭多名男子轮奸，而在整个被侵害过程中，她竟浑然不知！

四、其他新型毒品

表 1　部分新型毒品及危害

毒品名称	性状	吸食危害
安纳咖	无色的澄明液体	长期使用会产生药物耐受性，需要不断加大用药剂量，具有与咖啡因相似的药物依赖性和毒副作用
咖啡因	白色粉末状	大剂量长期使用会对人体造成损害，引起惊厥、心律失常，并可诱发或加重消化性肠道溃疡，甚至导致下一代智力低下、肢体畸形。具有成瘾性，一旦停用会出现精神萎靡、浑身困乏疲软等各种戒断症状
三唑仑	淡蓝色片	口服后可迅速使人昏迷、晕倒，俗称迷药、蒙汗药、迷魂药。无味，可以伴随酒精类共同服用，也可溶于水及各种饮料中。其药效比普通安定强 45~100 倍，服用 5~10 分钟即可见效，用药 2 片致眠效果可以达到 6 小时以上，昏睡期间对外界无任何知觉。服用后还会使人出现狂躁、好斗甚至人性改变等情况
“十字架”	白色片状	通常与酒精合并滥用，滥用后可使受害者在药物作用下无能力反抗而被强奸和被抢劫，并对所发生的事情失忆
甲喹酮	呈褐色、黑色或黑粒状粉剂	久用可成瘾，会产生打瞌睡、似酒醉、走起路来摇摇晃晃的状态
“奶酪”	呈黑色焦油态，有的被制成类似“冰糖”一样的外形	吸食者会产生一种很强的吸毒体验，出现恶心、呕吐、昏睡、意识模糊和感觉灵魂出窍等症状，使用时间稍长还会产生人格变化，甚至危及生命
沙菲片	白色片状	吸食后头晕、头痛、恶心、呕吐、嗜睡、晕厥、呼吸抑制，连续使用能使人产生依赖性

毒品与药品

很多毒品同时也是药品，属麻醉类药品或精神类药品，具有双重属性，如吗啡，依法合理使用就是药品，非法滥用即是毒品；有些毒品本身不具有药用价值，发现时就不是出于医疗目的，仅有单一的毒品属性，如冰毒、摇头丸等；还有一些毒品曾经是药品，由于毒副作用或滥用严重，已经不在临床使用，却在毒品黑市非法流通，如海洛因。

药品与毒品仅一步之遥，在严格管理和控制下用于医疗，能起到镇痛、催眠或兴奋作用；若失之管理或滥用，落入瘾君子之手，就会失去原来作为药品的功能而损害人的身心健康，成为危害人类的毒品。

对于那些具有毒品、药品双重属性的物质来说，它们是属于国家管制的，这是界定二者不同性质的关键。出于医疗目的的合法使用，就是药品；而超出了管制范围，为了满足毒瘾的非法滥用，就是毒品。合法与违法是区别和界定药品与毒品的分界线。

表 2　药品的滥用与毒品

名称	药品药理作用	毒品吸食危害
丁丙诺啡	常被戒毒所用于戒毒者短期与早期脱毒的替代治疗	吸食后头晕、头痛、恶心、呕吐、嗜睡、晕厥、呼吸抑制，连续使用能使人产生依赖性
哌替啶（杜冷丁）	镇痛、麻醉	停药时出现的戒断症状主要有精神萎靡不振、全身不适、流泪流涕、呕吐、腹泻、失眠，严重者也会产生虚脱
吗啡	镇痛、麻醉、止咳	长期使用吗啡，会引发精神失常，大剂量吸食吗啡，会导致呼吸停止而死亡
三唑仑	镇静、催眠	是一种强烈的麻醉药品，口服后可以迅速使人昏迷晕倒，昏睡期间对外界无任何知觉
盐酸二氢埃托啡	麻醉性镇痛药	该药的滥用方式有烫吸、口服、舌下含服及注射等，服用量少但见效快。随着每次用药量的加大、用药次数的增多会出现中毒死亡的情况
安纳咖	用于因催眠、麻醉药物中毒或急性感染性疾病所引起的中枢性呼吸循环衰竭	长期使用会产生药物耐受性，需要不断加大用药剂量，还有与咖啡因相似的药物依赖性和毒副作用
止咳水	含可待因、麻黄碱，止咳	往往最终转吸海洛因，才能满足毒瘾。过量滥用，可致抽筋、神智失常、中毒性精神病、昏迷、心跳停止及呼吸停顿引致窒息死亡

麻醉药品和精神药品由于其特殊的药理、生理作用，如果管理使用不当或流入非法渠道，将对患者的生命健康乃至社会安全造成严重的危害。为了加强麻醉药品和精神药品的管理，保证合法、安全、合理使用，防止流入非法渠道，国家将麻醉药品和精神药品列入管制，不定期开列和公布被管制药物清单，并且对麻醉药品和精神药品生产、经营、邮寄、研究、储存、运输和使用管理都做了明确规定。部分规定如下。

- 所有药品零售企业一律不得经营麻醉药品和一类精神药品。
- 麻醉、精神药品的公路运输必须有专人负责押运。
- 入库验收需双人开箱，清点到最小包装。
- 麻醉、精神药品的储存实行专人负责、专库（柜）加锁，建立专用账册，逐笔登记。
- 医生开具麻醉药品和精神药品，须经考核培训后，取得相应资质。
- 癌痛及慢性中、重度疼痛的非住院患者，因疾病需要长期使用麻醉药品的，须建立专用病历。
- 开具麻醉、精神药品应使用专用处方。并登记有病历号、家庭住址、联系电话等内容。

▲毒、麻药品标签标志

从天使到魔鬼——海洛因

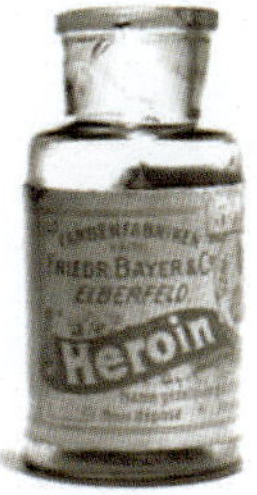

有这样一个故事，说的是德国的一家药品生产公司合成了一种可疑的药剂，在一些不知情的人身上做试验。在实施了几次试验之后，公司就草率地将这种东西当成药品四处贩卖，还把它吹嘘为包医百病的万能药剂，使之成为全球畅销的药品。这家德国公司大发横财，其原因之一也在于这种药能让人上瘾。

可是几十年之后，公司没有人愿意再谈起这一药物。现在这种物质不再是公司的产品了，它是魔鬼的杰作。曾经是用途广泛的药品，现在在世界各国被宣布为非法。制造它的人被认定是犯罪分子，贩卖它的人在这个世界的某些地方是要掉脑袋的，消费它的人则作为等死的人被排斥。

1897 年 8 月 21 日，拜耳公司的化学家费利克斯·霍夫曼在实验室里合成了一种叫作二醋吗啡（海洛因）的物质。对此，他的老板们喜出望外，他们认为这种东西可以替代能让人上瘾的止痛药吗啡。当证实一些用于实验的鱼、海马和猫吞下这些药物后依然能够活命，公司的家属包括孩子也开始试着服用，没毒死人，也没有人上瘾。于是在合成后不到一年，在没有进行彻底的临床试验的情况下，公司便将它上市销售。

一个医生在专业杂志上写道：这种药的价值因为“绝对没有毒害”而变得更高了；另一个医生欢呼说，海洛因是“所有止咳药中最安全、最棒的一种”。但海洛因并不只是能治咳嗽。拜耳公司很快就发现海洛因对所有的病都有效。从 1906 年起，拜耳公司建议在治疗疼痛、抑郁、支气管炎、哮喘和胃癌时使用海洛因，里德尔说：“在当时人们了解的疾病中，只有很少几种不在海洛因的适用范围之内。”

健康人也能从海洛因中找到很多乐趣。登山俱乐部建议俱乐部成员在登山前服用此药物，因为它能使呼吸更为顺畅，能让他们登得更高。

当时，这种药被称为海洛因，是因为拜耳公司的老板们认为发明这一物质是“英雄般”的事迹，因此取了这个名字(“海洛因”在德文中意为“英雄”)。故事接下来就是药品历史中最荒谬的一页。

▲病人纷纷购买海洛因

从婴幼儿、成年人到老人都是海洛因的消费者。它以粉末、混合剂或栓剂的形式被服用，妇女还使用含有海洛因的卫生棉条。海洛因无处不在——为得到它不惜铤而走险去犯罪。而且拜耳公司的海洛因在药店里库存充足，不是用锡箔纸遮遮掩掩包成小包，而是装在考究的药瓶里，一瓶就有 25g，这种剂量在今天足以造成数十人吸毒过量。

当这种药品上市时，除了大获成功之外，看不出它有任何异常之处。医生们记录的海洛因的副作用只是昏沉、晕眩和便秘。这种说法和几十年后孩子们在学校里学到的有关海洛因的知识形成鲜明的对比。为什么在威廉二世时代的人不会上瘾，而他们的重孙辈们却会上瘾呢？当年皇帝的子民和今天的吸毒者有什么区别吗？

上瘾不上瘾的关键在于当时盛行的海洛因的服用方式。当时的病人只是口服几毫克，不及现在吸毒者每次注射量的 1/10。口服的海洛因经过很长时间才抵达脑部。所以当时服用海洛因的人感受不到极度的快感，他们只是缓解了疼痛，伴有轻微的欣快，这种感觉很舒服。服用了海洛因之后，病人身心状况得到改善。

那时候的人没有想到要去用鼻子吸或者注射高纯度的海洛因，因此，欧洲在海洛因致瘾方面保持了“干净”的记录：直到 1920 年，德国药品当局还对“海洛因瘾”这个词汇一无所知。

而拜耳公司最大的主顾美国很快就上道了。那时候的美国就已经是吸毒者的天堂，有多达 1/10 的医生染上了鸦片瘾，有几十万人在给自己注射吗啡。随着医院逐渐被海洛因上瘾者充斥，国家加大了对海洛因的控制并且限制给病人开海洛因。海洛因贸易开始转入地下进入黑市，价格上涨了，随之而来的是为了获取海洛因而发生的犯罪增多。对生产商来说这可是个好消息，因为正是在黑市上，德国以及其他国家的制药公司才开始赚大钱。20 世纪 20 年代末，全世界的合法海洛因的年需求量仅为 2 t，而年产量却高达 9 t。著名的生产商做起海洛因生意来就像黑手党一样行动诡秘。

随着有关鸦片国际贸易的协议越来越严格，1937 年以后，拜耳以及其他公司的海洛因贸易几乎全部停止了。它们继续

▲禁止海洛因制剂在药店销售

生产的那一丁点儿海洛因也受到了严格的监督。海洛因失宠了，被赶出了药店。但是，患者并没有从中得到好处。

像海洛因之类的鸦片制剂，能“减轻对死亡的恐惧，使死亡变得更容易被人接受，而其他药物则无此效用”。最有效的止痛药也属于鸦片制剂。由于所有这些不可或缺的鸦片制剂都受到严格的控制，德国的危重病人常常只能是被迫忍受疼痛。

今天，只有一个国家海洛因的生产是合法的，那就是英国。英国人视海洛因为有效的止痛药，每年消耗量约为 300kg。海洛因比吗啡效力产生更快，但药效消失也快。

海洛因的发明人没有经历自己的作品没落的这一幕。费利克斯·霍夫曼于 1946 年孤独地死去，没有留下后代，他在瑞士几乎被人遗忘。当年凭借海洛因大发其财的拜耳公司连一个讣告也没有发。公司这么做情有可原，毕竟这种世上最可怕的魔鬼诞生于其公司。

——源自网络

毒品的危害

DUPIN DE WEIHAI

了解毒品的危害，是不受毒品侵袭的第一道防线

毒品，从来没有像今天这样肆虐横行，从来没有像今天这样震撼着世界上的每一个家庭和个人，它威胁着人类的生存和发展，吞噬者人类一切的文明、财富和辉煌。

毒品的概念和特征

吸毒严重危害生命健康，会引发违法犯罪活动。年轻时沾染毒瘾的人，一般寿命不会超过 40 岁。人们不禁要问，吸毒为什么会有这么大的危害呢？

毒品的特性之一便是毒害性，吸毒严重摧残青少年的身心健康，它会损害人的大脑和中枢神经系统、损害人的血液循环和微循环系统的功能，使吸毒者免疫功能下降，生理功能紊乱。吸毒上瘾后，不仅心理变态、人格扭曲、不知廉耻，而且会传染和导致各种疾病，甚至死亡。据联合国禁毒署统计，全世界每年因吸食毒品而死亡的人数高达 10 万人，约 1000 万人因此而丧失劳动能力。

吸毒不光影响身心健康，由毒品而引发的违法犯罪活动也在不断蔓延，贩毒犯罪、吸毒人员不断增多，给社会治安和人民身体健康带来严重危害。当今世界毒品泛滥，危害着人类健康和社会的安宁，毒品已成为国际性的公害，引起全球的关注。

一、吸毒破坏人体正常生理机能

毒品对人类最直接的危害，就是对身体健康的摧残。历史上，中国人在鸦片的毒雾中沦为“东亚病夫”就是铁证。很多人吸食毒品的最初动机是摆脱痛苦、寻求享受，但当他们吸食成瘾后，他们获得的享受只是短暂的，更多的时间是在身心的极度痛苦中煎熬。毒品对人体产生的不良生理影响如下。

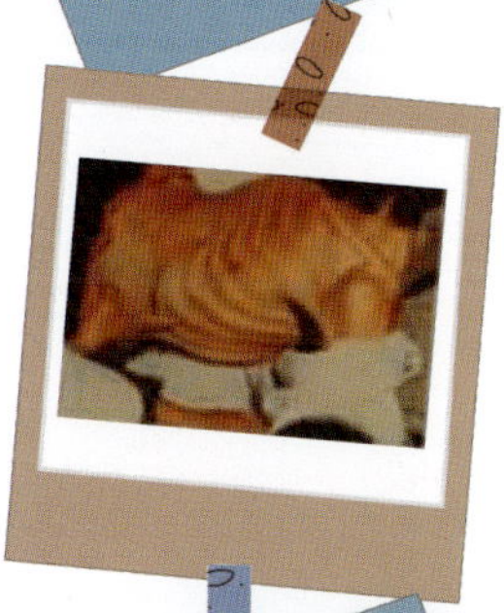

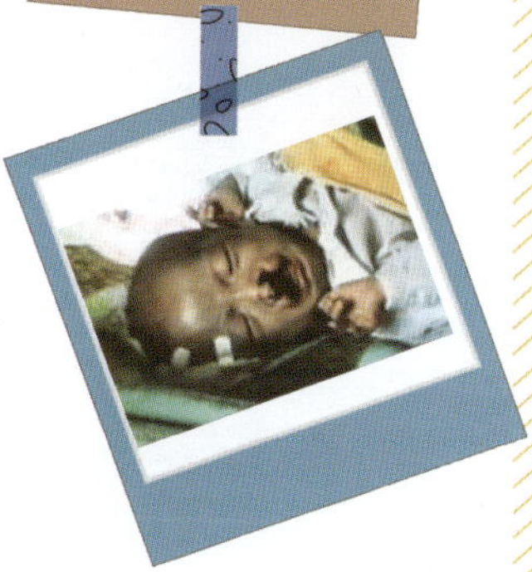

●损害人的大脑和中枢神经系统 吸毒的人往往注意力不集中，反应迟钝、失眠易怒、性情粗暴，有的还会发生人格变态。

●损害人的血液循环和微循环系统的功能 以海洛因为例，吸食者常常出现心律不齐、心脏传导阻滞、心动过缓等，发病时汗毛直立、起鸡皮疙瘩，奇痒难耐。

●容易引起急性中毒 由于产生毒品依赖，吸毒者的毒瘾会越来越大，需要不断加大剂量。这是因为长期吸毒会使机体对毒品产生耐受，使毒品的药效作用减小，吸毒者必须不断增加药品的剂量，才能获得原有的效果。如果用量超过了人体承受范围，就会引起急性中毒，出现心律失常和缺氧，如抢救不及时就会死亡。超剂量急性中毒是吸毒者死亡的最常见的原因之一。

●影响正常生育功能，贻害后代 怀孕妇女吸毒，会使婴儿在母腹中被动吸毒，从而染上毒瘾，成为“海洛因婴儿”，胎儿容易发生畸形、早死或死胎。

刘某，22 岁染上毒瘾。因吸毒耗资巨大，23 岁时与一年龄大她 15 岁的阔老板结婚，怀孕后，刘某在妊娠期也从未间断吸食海洛因。因此，宝宝出生时就出现窒息，经尽力抢救幸免夭折。但后来宝宝整天不睡觉，哭闹不休，哈欠连天，阵阵呕吐，持续发热，肢体震颤。终因治疗无效，于出生第六天死亡。经医院确诊新生儿为“海洛因戒断综合征”。

二、吸毒传染多种疾病

吸毒人群哨点监测表明：吸毒已成为目前中国艾滋病上升加快的主要原因。此外据艾滋病哨点监测的行为资料表明：53.3%的吸毒者采用

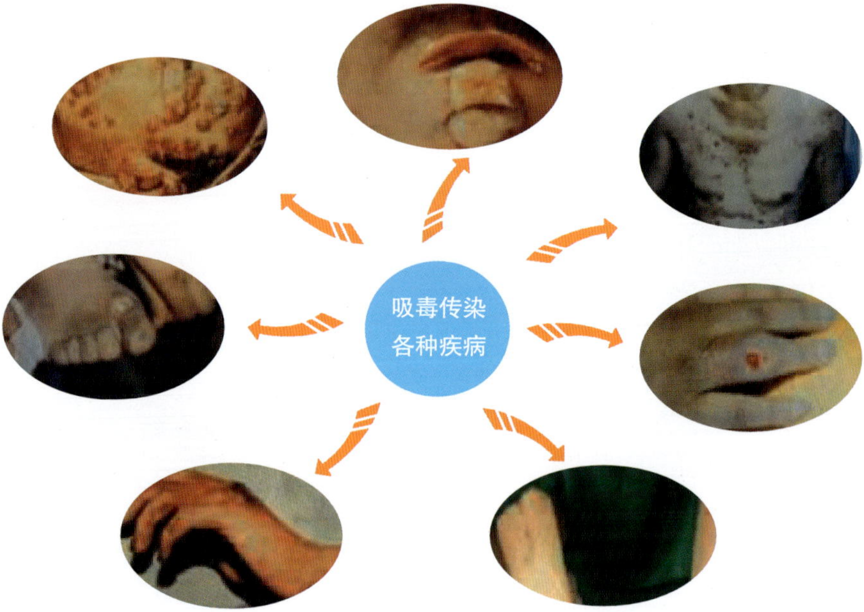

注射毒品的方式吸毒，而其中37%的注射吸毒者共用注射器。据云南一些毒品重灾区调查，因静脉注射海洛因造成的艾滋病病毒感染率高达68%。据专家估计，目前全国因吸毒感染艾滋病病毒的人数已超过40万人，其中66%是使用不洁注射器的吸毒者。吸毒妇女更是感染和传播艾滋病病毒的高危人群，这是由于吸毒本身容易感染和传播艾滋病病毒。另外，吸毒妇女为了获得“毒资”而卖淫，也成为艾滋病病毒传播的主要途径。另据统计，吸毒者因使用不洁注射器而被感染乙肝或丙肝的感染率分别高达22%和68%。可见，吸毒可以导致多种传染病传播。

三、吸毒导致人格扭曲、精神崩溃

吸毒带来的生理和精神依赖，使吸毒者对毒品产生了一种难以克制的强烈追求欲望，迫使他们不断地、大量地获取和吸食毒品，使他们沉溺于吸毒—昏睡—犯毒瘾—寻觅—再吸毒的恶性循环中，越陷越深，难以自拔。

吸毒者毒瘾发作时，大都会不顾廉耻，丧失自尊，无法进行正常的生活、学习和工作，人格改变更是多见，变得冷漠无情、自私自利、性格怪僻、谎话连篇、残忍无比，而且意志消沉、精神颓废，丧失良知和责任感，理想和前程早已被毒魔吞噬得无影无踪。

音乐是天堂，毒品是地狱。2011年6月26日“国际禁毒日”到来前夕，歌手谢东的名字和毒品联系在一起，是让人无奈的现实。从一个风光无限的歌手到一个被治安拘留的瘾君子，巨大落差显现的是谢东“笑脸”消失后的蜕变。

6月6日上午，被处以10天治安拘留的谢东走出了北京市石景山公安分局看守所的大门。无独有偶，中国台湾大麻案中被验出吸食可卡因的女星萧淑慎原定6月7日戒毒，但6月4日她就在经纪人安排下提前赴中国台北“地检署”报到，接受未来至少40天、最长60天的勒戒（勒令戒毒）。有“中国摇滚第一女声”之称的罗琦在南京演出时毒瘾发作，被出租车司机直接拉到了派出所。由于吸毒变得形销骨立而最终死于吸毒的朱洁，更是给人们留下了难以磨灭的悲恐印记。明星吸毒，萧淑慎不是第一个，谢东也不会是最后一个。

人们无法理解，为何风光无限的明星要和毒品联系在一起呢？有很多明星是缘于成名后的精神空虚感，对前途的焦虑感以及人际关系的复杂感使他们希冀从毒品的麻醉中获得一种解脱。不管明星由于什么原因染上毒瘾，变成了“HIGH一族”，其结果必定是深陷迷途，原本当作他们艺术生涯救命稻草的毒品，也将变成扼杀他们事业乃至于生命的无情绞索。

四、吸毒容易引发自伤、自残、自杀行为

毒品的成瘾性会使吸毒者对毒品产生强烈的依赖性，一旦停用则生理功能会发生紊乱。毒瘾发作，初始心烦意乱、焦躁不安、哈欠连连、涕泪横流；继而全身内外犹如万箭穿心、万蚁啮骨、奇痒无比、痛不欲生；此时，“瘾君子”五官错位、四肢变形、浑身抽搐、满地打滚，如坠刀山火海，只想痛快去死。于是，他们便用自伤、自残、自杀的办法来解脱这种难以忍受的痛苦，有的用烟头烫肤，有的用硬物捅鼻，有的用锥刺股，有的用刀断臂、用头撞墙，有的跳楼、上吊等。

24 岁的郭某将家中 20 余万元存款吸光，毒瘾发作，剖腹自杀未成，腹部缝合 18 针。河南郑州赵某毒瘾发作，用牙刷插进鼻孔自杀。广西一吸毒男青年毒瘾发作时切下 4 个手指。

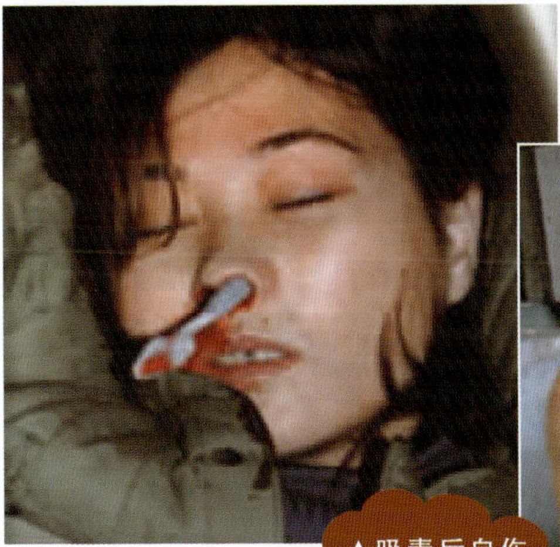

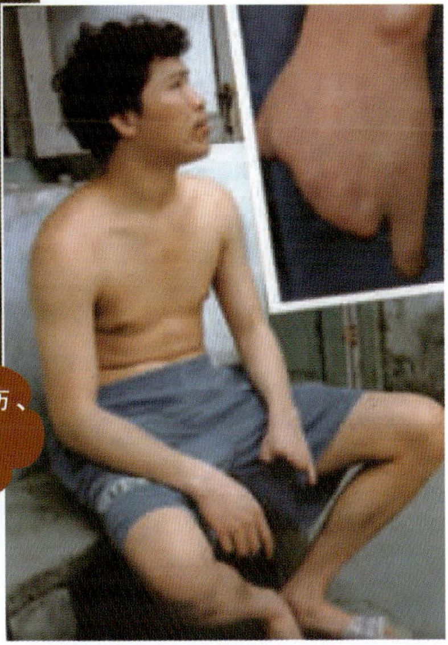

▲吸毒后自伤、自残、自杀

吸毒毁灭家庭

家庭中只要出现一个吸毒者，厄运便从天而降。吸毒要挥霍掉大量的钱财，一天少则几十元，多则几百元甚至上千元，这样的巨额消费，一般家庭根本无法承受，即使有些积蓄的家庭，也很快倾家荡产，必然导致家庭不和，并最终造成家庭破裂，妻离子散，父子反目，甚至道德沦丧，六亲不认。

吸毒者如同活性极强的病毒，无时无刻不在传染影响周围的人，而直接受害者便是自己的亲人，一个家庭中往往因一人吸毒而发展成多人吸毒，甚至举家吸毒，家产变卖一空，最后四处借钱骗钱，铤而走险，走上犯罪之路。真是“一人吸毒，全家遭难”。

被吸毒母亲抛弃的丢丢

1997 年 7 月 17 日，北京警方在和平里地区的一套单元房内抓获两名吸毒者，并在堆满大量吸毒用的吸管、锡纸、天平的屋中发现了幼儿丢丢，当时他全身赤裸，双手被绑，浑身布满烟头烫痕，已经奄奄一息。经医生确诊，他全身皮肤大面积烫伤并感染，重度贫血，门牙被打掉两颗，鼻子缺损，颅脑有外伤，并患有佝偻病及溃疡性口腔炎。

3 岁的丢丢没有父亲，他是被吸毒并卖淫的母亲郭某抵押给吸毒者林某等 3 人的。仅仅 1 个多月，狠毒的林某、王某等人每逢毒瘾发作，便将无辜的孩子当成发泄的对象。捆绑、踢打、用打火机烧、烟头烫。他们的人性完全泯灭在吸毒后的狂躁暴虐之中。

公安民警迅速将罪犯全部抓获，郭某也被判处劳教 2 年。得救后的丢丢被送进北京市儿童医院特护病房，经过 3 周的治疗，孩子逐渐康复。

同年 10 月，丢丢带着满身伤痕回到了其母户口所在地，当地民政局干部杨奶奶收养了他，从此一直到 1999 年初，丢丢暂时找回了家庭的温暖。

1999 年 4 月，丢丢与母亲的关系似乎出现了一线生机，从戒毒所出来的郭某声泪俱下地表示，一定要善待丢丢，亲手把孩子带大成人。

▲被抛弃的丢丢

但是丢丢的母亲郭某很快因为毒品复吸，又一次抛弃自己的孩子回到北京，让他跟舅舅和智力上有毛病的姥姥在山沟里生活，过着吃了上顿没下顿的日子。几年中，郭某只看望过丢丢 2 次。丢丢的舅舅决定不再替郭某抚养丢丢，只想把他尽快送人。

2004 年 5 月 17 日，郭某因吸毒被北京警方拘留，谁来抚养丢丢成为迫切的问题。丢丢在家乡的遭遇引起了当地政府的高度重视。当地副市长和公安局局长在听取了记者对丢丢的详细介绍和了解了其处境后，决定安排丢丢和母亲见一次面，协商解决抚养权问题，2004 年 9 月 2 日，丢丢最终被一对 30 多岁的夫妇代养，丢丢的生活从此翻开新的一页。

注：《法制日报》关于小男孩丢丢的系列采访报道，始于 1997 年 7 月，完成于 2004 年 10 月。这一追踪报道历时 8 年，由大量摄影作品和文字作品组成。

吸毒对社会的危害

一、吸毒传播疾病，祸及他人

在吸毒之风盛行的西方国家，吸毒者不仅自己很容易感染上艾滋病，而且还极容易将艾滋病病毒传染给其他吸毒者。

我国内地吸毒者中艾滋病流行，这一状况不仅对众多毒品使用者，而且也对广大无辜的人民群众的生命构成了严重的威胁。我国目前所发现的艾滋病病毒携带者主要来源于吸毒群体。由于吸毒者常常共用针头，且没有什么消毒措施，很容易互相传染。可以肯定地说，毒品的泛滥必将为艾滋病的渗透打开方便之门。更由于这些既有的和潜在的艾滋病病毒携带者注定要和社会发生千丝万缕的联系，故毒品的泛滥将使千百万无辜者面临艾滋病病毒的严重威胁。

二、吸毒消耗巨大社会财富

吸毒会造成社会财富的巨大损失和浪费。全球非法毒品市场已经形成每年 3200 亿美元的产业，消耗着巨大的人类财富。美国每年用于治疗吸毒者、加强缉毒的费用高达 600 亿美元，同毒品有关的各种问题造成的损失每年大约达到 800 亿美元。对于发展中国家来说，毒品造成的损失和扫毒所需的巨额经费更是沉重的负担，而这种负担每年都在增加。

吸毒、贩毒给我们国家造成的损失也相当惊人。《2011年中国禁毒报告》显示，青少年已成为我国毒品消费的主要群体，占整体吸毒人群的87%。截至2011年11月7日零时，我国经公安机关查获并登记在册的青少年吸毒人数已逾178万人。如果根据有关专家估计，按每个吸毒者每年消耗海洛因约100g计算，即日吸量为0.3g，全国每年海洛因消耗量约在200t以上（掺兑后），以最保守的价格来估算，每年滥用海洛因的消费高达400亿元。目前大量滥用“摇头丸”及其他麻醉药品、精神药品的交易费用尚无法统计，更不用说由于毒品问题所引发的其他违法犯罪案件所造成的经济损失以及对社会造成的其他严重危害。

三、吸毒、贩毒引发各种违法犯罪

目前，全世界大部分国家都把吸毒行为当成违法犯罪行为，所有的国家都将贩毒视为犯罪，并规定了严厉的惩罚措施。而与吸毒有关的其他违法犯罪活动更是常见。众所周知，吸毒的花费非常高昂。毒品价格一般为每克数百元、数千元。因此，一旦染上毒瘾，就得花费大量的钱去购买毒品。毒品价格昂贵，大部分人手头的积蓄很快花光。即使有万贯财产，也经不起如此折腾。不少人或迟或早会铤而走险，采取非法途径去获取毒品，他们最常从事的犯罪是诈骗、盗窃、抢劫、卖淫，有些则采取极端残忍的手段杀人。

世界毒品犯罪活动与黑社会、恐怖组织有着相当密切的联系，他们相互勾结，建立武装力量与国家分庭抗礼。在金钱的驱动下，各国大大小小的毒枭、毒犯建立起自己的集团组织，他们拥有坚固秘密的巢穴以及先进的武器、通信设备和运输工具，并相互勾结，形成巨大的地下网络，构成社会的一大公害。在贩毒集团的反社会活动中，主要是采取各种恐怖暴力活动以威胁政府官员，给国家政治基础带来不利影响。

高消费的毒资、诱发多种违法犯罪，给社会造成极大危害。据资料表明，在青少年吸毒者中，90%的男性有各种违法犯罪行为，其涉及的案件性质有抢劫、杀人、故意伤害、盗窃、贩毒等；女性则几乎全部以卖淫养吸，少数涉及刑事犯罪。上海地区在药物滥用流行病学回顾性调查中发现，戒毒人员中，48.8%有违法犯罪行为，其中，卖淫占29.2%，盗窃占17.2%，诈骗占14.5%，抢劫占11.7%，贩毒占11.4%。

远离毒品

YUANLI DUPIN

只有形成强烈的禁毒意识，毒害才有可能真正被禁绝

罂粟，那么的妖艳芬芳，让年轻的心充满幻想，到头来却是噩梦一场。罂粟，那么的清新馨香，让年轻的心不敢相望，收获的却是迷失忧伤。警惕吧，孩子，别为花儿的妖媚迷惑彷徨，生活中有值得你追求的方向，别让爱你的父母仓皇忧伤，你是家庭的理想和希望，别让一个家庭、整个社会充满惆怅，祖国需要你成为栋梁。

——天使的微笑

青少年禁毒教育不可或缺

如果把毒品比作猛兽，那么它最容易下手的就是青少年了；如果把毒品比作瘟疫，那么最容易感染的也是青少年。青少年正处在生理、心理发育时期，好奇心重，判别是非能力不强，抵制毒品侵蚀的心理防线薄弱，若再加上对毒品的危害性和吸毒的违法性缺乏认识，就更容易受到毒品的侵袭了。《2011 年中国禁毒报告》显示，青少年成为我国毒品消费的主要群体，占整体吸毒人群的 87%。截至 2011 年 11 月 7 日，我国经公安机关查获并登记在册的吸毒青少年人数已达 178 万。因此，对青少年进行禁毒教育是禁毒预防教育工作的重中之重。

世上有许多禁果是人类不该吃，也不能吃的。毒品就是其中之一。

一、重视家庭教育对预防青少年吸毒的重要作用

对于任何一个孩子来说，家，不仅仅是遮风挡雨的地方，还会对孩子的一生产生重大的影响。在家庭中，父母的人生观和行为举止会直接或间接地影响孩子的人生观、性格和心理，而有些家长的不良习气或违法行为，如吸烟、酗酒和吸毒也会带给孩子不良的影响，甚至导致孩子步其后尘。所以，家庭中的禁毒预防教育，首先应从家长的禁毒意识形成和家庭管教行为方式的改变开始。

有一个姓刘的吸毒青年。当问及为什么要吸毒时，他说：“我是独生子，从小受到父母溺爱，父母对我放任自流，我认为他们对我是不关心的，看到同伴吸白粉，被一种好奇心支配，便染上毒瘾，不可自拔。”如果家长管教过严，或粗暴武断，对孩子动辄体罚，其子女则往往叛逆性较强，变得固执、好斗或郁郁寡欢，也容易走向歧途。15岁的陈姓男孩，吸毒史1年。究其原因，是他在念初中二年级的时候，因偶然一次单元考试不及格，母亲知道后，不分青红皂白，棍棒加身，并将孩子赶出家门。因此，他产生了强烈的逆反心理，感到缺少母爱，便离家出走，在同伴的影响下，吸毒上瘾，后被送去强制戒毒。

国外许多研究表明，家庭管教方式与孩子性格的形成有着十分密切的关系。尽管一些家长自己并不具有可能导致吸毒的某些性格因素，但如果家长教育子女的方式不当，孩子便可能形成这种性格。拒绝毒品、远离毒友所需的自控力、自信心和责任感都属社会情感和意志，并不是与生俱来的。如果家长对孩子不加任何约束而放任自流，其自制力往往很差，很难抵制同伴的诱惑而走上吸毒的邪道。有调查表明，在这类放任自流型家庭中长大的孩子往往不够成熟，过多地依赖成人。他们易冲动，不合群。这类家长之所以对孩子放任自流，要么是因为他们自身的原因顾不上管教孩子，要么他们认为不宜对孩子管教过多，或者自己对管教孩子感到信心不足。这类孩子往往也会认为家长对自己漠不关心。

二、做好学校预防，进行超前教育

吸毒青少年中，大部分仅有小学和初中文化，这充分说明了在中小学开展禁毒教育和预防工作十分必要。海外一些专家指出，“药物教育，反毒之本”，即通过把毒品知识教育纳入学校课程，努力使学生建立起正确的用药观念和良好的用药习惯。这种由学校对青少年进行的系统禁毒教育，可收到细水长流的效果。在中小学校开展禁毒教育，把禁毒防毒的防线前移，把校园变为青少年进行禁毒教育的主战场。在学校开设禁毒教育课，实质上是一种更为长远的预防毒品侵袭的教育，可以说这是整个全民禁毒教育中最重要的。目前迫在眉睫的措施应当是将禁毒教育列入我国中小学有关统一教材中，开展日常课堂禁毒教育。在这一方面香港的禁毒预防教育做得非常成功。

在我国香港特别行政区，禁毒教育已经成为学校正式课程。香港教育署要求教师除向学生提供有关吸毒（滥用药物）及其危害的资料外，还要着重教育学生建立健康、积极的人生态度，以及学习一些生活技巧，例如应该怎样应对同辈朋友的诱惑，如何做出明智的决定，怎样与父母沟通等。除在教材中讲授禁毒知识外，香港教育署还和政府禁毒处合作，成立香港学校禁毒教育小组，定期为中小学生举办禁毒教育讲座，在学校举办有关精神药物展览，向学生派发禁毒宣传资料，组织学生家长聆听禁毒讲座。同时，还为在职教师举办禁毒教育研习班，使教师及时了解香港的毒品情况和滥用药物的危害，以便他们更好地教育学生。香港卫生署中央健康教育组也深入中小学校，为学生和教师开办禁毒教育讲座，并举办“学生健康大使训练班”，让“健康大使”们向同学和家长们传达有关禁毒健康的信息。香港教育署将禁毒教育的内容加入相关的中小学课程纲要之中，并辅之以其他教育方式，对于中小学生认识毒品特性，了解毒品危害，拒绝诱惑和远离毒品起到了非常积极的效果，为他们健康地走向社会，成为对社会有用之人打下了坚实的基础。

三、加强社会禁毒教育，引导青少年健康成才

在一个社区中，只要发现有一个吸毒者，追查下去，定能发现更多吸毒者。这就是所谓的社区吸毒。

有人问为什么吸毒者都相对集中？其实，道理很简单。吸毒的人，一般经济上是不堪重负的，如果要吸下去，就要发展新的吸毒者，把毒品以高价卖给其他人。就像滚雪球一样，吸毒者的队伍就越来越庞大。但他们也知道“吸毒违法，贩毒犯罪”，所以在发展新的吸毒者时首先会在同一个社区内的朋友圈里寻找，这就是“直销”。因此，有吸毒者的社区是最值得警惕的社区。在这样的社区里生活，更要提高对毒品的自我抵制能力，稍有不慎，就会被拉下水，陷入不能自拔的困境。而在这样的社区内，除了远离“毒友”外，社会的禁毒教育就显得格外重要了。

从 1990 年起，中国每年在 6 月 26 日国际禁毒日前后集中开展大规模的禁毒宣传活动。全国各地特别是毒品危害严重的地区，公安、宣传和教育部门积极行动，通过网络、报刊、电视、广播、电影、图书、挂图以及禁毒知识竞赛、有奖问答、巡回演出等多种形式，广泛开展面向广大人民群众的经常性的禁毒宣传教育活动，增强了全民的防毒拒毒意识。同时依法严厉惩处并集中宣判一批贩毒分子，焚烧收缴的毒品，增强每个社会成员禁毒拒毒的意识，激发广大人民群众尤其是青少年防治毒害的积极性，使禁毒知识家喻户晓，在全社会形成禁毒、拒毒的气氛，最大限度地控制吸毒者的滋生和蔓延。

有一个年轻人吸毒成瘾，为凑毒资，他先把毒品免费送给邻居几个十几岁的孩子品尝。这些孩子上瘾后，每次不得不从他那里高价买毒品，而那个年轻人也用这种卑鄙的手段满足了自己的毒瘾。有一位家长，他明明知道自己居住的社区中有几个吸毒者，却不以为然。他说："我开始以为这不关我的事，我管它干吗！"但过了一段时间，他痛苦地发现，自己上中学的儿子已成了毒品的俘虏。

青少年抵制毒品的良方

一、培养广泛的兴趣爱好

青少年朋友应当培养广泛、健康的兴趣爱好，例如下棋、打球。课余时间与同学对弈一局，盘上厮杀，黑白鏖战；或在球台上抽打几局，决出胜负，其乐无穷；或者是练习书法、绘画，在周末假期里尽兴泼墨，虽非丹青妙笔，但可自我欣赏，乐在其中；或是学习乐器，高山流水，陶冶性情，流动的音符可以缓解学业的压力，同时给自己美的享受。如果青少年有了这些兴趣爱好，多余的精力都给了有益的兴趣，接触危险的毒品的机会就减少了。在实际生活中，如果发现自己或身边的同学、朋友有了不良的兴趣爱好，即使只是一种倾向，也要坚决地把它消灭在萌芽阶段，以免这种不良的兴趣爱好越来越强烈，最后耽误了正常的学习和生活。

二、养成良好的生活习惯

青少年朋友应当养成良好的生活习惯，包括艰苦朴素、不贪图享受、热爱劳动、鄙视不劳而获的思想、不随便吃陌生人给的食物等。养成好的生活习惯后就会自觉或不自觉地避免一些染上吸毒恶习的机会。青少年不应有过多的欲望。如果过多，而且不论是否合理都要得到满足，否则便不依不饶，这是放纵自己的表现。宋代朱熹说：“溺爱者不明，贪得者无厌。”如果欲望过度，就容易被人利用，滑入陷阱，还有可能走上犯罪道路。

三、避免涉足复杂场所

由于青少年处于一个活泼好动的年龄阶段，有较强的好奇心，总想有机会进入社会上的一些复杂场所去看个究竟，体会一下成年人的生活方式。其实，这样做是极危险的，当一个青少年出现在与他年龄不相称的复杂场所时，不但容易被一些光怪陆离的表面现象所迷惑，也很可能成为一些居心不良的人诱惑和下手的目标。如果学生因为好奇进入这些地方，就有可能交上或者被迫交上坏朋友，染上吸毒或其他恶习。

有的青少年可能对自己的抵制毒害能力十分自信，自我感觉“免疫力”很强，认为出入复杂场所又不等于违法犯罪，为什么不能涉足呢？问题在于毒贩不是白痴，他们为了拖人下水，培养犯罪团伙新成员，会采用许多狡猾的手段。他们经常对出入复杂公共场所的青少年下手，原因是青少年社会阅历少，容易上钩，一旦吸毒又很难戒断毒瘾，因此就可以听他们随意使唤了。

已报道过一些实例：毒贩向青少年出售混有毒品的蛋糕和饮料，诱其不自觉地染上毒瘾；在年轻人参加的舞会上提供放入迷幻毒药的饮料，使人服用后悄然成瘾的案件，比比皆是。根据调查发现，相当一部分人是在各种公共娱乐场所染上毒瘾的，又是从那里不断获得毒品的！青少年在这些复杂场所，看到一些染有毒瘾的同龄人或成年人“表演”吸毒过程，一群人“腾云驾雾”“醉生梦死”的样子，无形中增强了感官上的刺激，这远比个人行为的影响大！青少年难免产生模仿的冲动，说不定就会接受其中某人的“好意”，品尝这种神奇的烟卷！于是毒品犯罪团伙里又增加了一名新成员，学校里又少了一名好学生，家庭里则安装了一枚“定时炸弹”，随时有可能把这个家炸翻天。而这一切，都可能是青少年学生不经意光顾复杂场所引起的。可见涉足复杂场所就等于接近了毒品。严格约束自己，不轻易涉足复杂场所，就大大减少了接触毒品的机会。

四、健康的心理是抵御毒品的天然屏障

● **克服过分好奇心，以免误入歧途** 青少年的好奇心表现在对新事物的求知欲望方面。毒品到底是什么样的？是不是很有意思？为什么大家都说它不好呢？为什么有的人那么没出息，吸了毒以后就再也摆脱不了呢？如果我也尝试一下，会不会上瘾呢？这些心理活动是许多在戒毒所的青少年朋友痛定思痛时总结出来的，他们的结论是一致的：同龄人听我们一句告诫吧，千万要克服过分的好奇心，以免误入歧途。

16岁的王某，长得清秀、文静、漂亮，但因学习成绩不好，初中毕业后未考上高中。由于家庭环境好，经济条件宽裕，家里人觉得她年纪小，思想上不够成熟，怕外出跟人学坏，就让她待在家里，也没有为她找工作。于是，她每天吃完饭后就上街漫无目的地东游西逛，无所事事，开始倒觉得轻松自在，时间一长就感到无聊单调。有一天，偶然之中她经过一个朋友家门口，那位朋友热情地邀请她去聊聊天。她进屋一看，几位年龄比她稍微大一点的青年男女悠闲地躺在沙发上吸白粉，显得非常舒服、满足。她对这种玩法有点好奇，在朋友们的再三劝诱下，她小小地吸了一口，顿觉恶心，接着便是打喷嚏，流眼泪，想呕吐。但在恍恍惚惚之中却又产生了再吸一口的欲望。一星期后，她再次来到这位朋友家中，主动提出再试一下，这次的感觉与第一次完全不同，所有的不适感全部消失，代之以舒服、自由，朦胧之中还有一种飘飘欲仙的感觉，完全忘记了自己的无聊、烦恼。她庆幸自己终于找到了一种够刺激的消遣方式。

这样的情况持续一段时间后，她渐渐离不开毒品了。一次，在当地警方的清理黄赌毒的行动中，正在吸毒的她被抓进了戒毒所。她急忙打电话给父母亲，表示坚决痛改前非，于是被保释出来。可是回到家中，她仍然觉得无聊，毒瘾一次又一次地袭上心头，贯注全身。于是，她偷了家里的钱，独自一人去了云南，与一个吸毒的女友住在一间简陋潮湿的地下室里，一起吸毒。很快，从家里偷来的钱就花光了。既无高学历又无特长的王某，为了支付巨额的吸毒开销，便去歌舞厅、夜总会当“三陪”小姐，后来干脆卖淫，用自己的肉体换得肮脏的钱来维持生存，维持吸毒。否则，她实在难以忍受毒瘾发作时的煎熬：头昏，耳鸣，呕吐，涕泪交替，大小便失禁，全身时热时冷，总觉得有成千上万只蚂蚁在身上叮咬一样。就这样，王某由最初好奇心的驱使沾上了毒祸，不能自拔，后来变成了一位面黄肌瘦、披头散发、精神萎靡、丧失自尊、丧失自爱的“瘾君子”。

● 克服逆反心理，切断吸毒的诱因 青少年阶段心理不是很成熟，容易激动和出现逆反心理。青少年在了解了这一性格特征后要注意加以预防，防止被不成熟的逆反心理牵着鼻子走，避免由于赌气而失去对是非善恶的判断能力。要冷静地思考，理智地行事，这就不会有问题了。最怕青少年朋友刚愎自用，出现逆反心理并受逆反心理影响而做出错事，有的甚至走上违法犯罪的道路，这才是最危险的情形。

17岁的朱某原本是一位品学兼优的中学生，老师、同学都非常喜欢他。但父母感情破裂导致离婚。法院判决朱某归母亲抚养，因母亲没有住房，他们只好与外婆住在一起。外婆年龄大、身体差，母亲工作又较忙，她们很少过问朱某的学习情况，事实上是无人照顾朱某。放学后，朱某经常在外边贪玩到很晚才回家，渐渐地在社会上结识了一批无业青年，与他们交朋友后，越发无心学习。老师发现后，也向家长多次反映情况。外婆和母亲知道后，经常耐心教育，希望他现在把主要精力放在学好本领上，将来才能成为对社会有用之才。可是，朱某只把长辈、老师的谆谆教诲当成耳边风，依然我行我素。半年后，朱某的学习成绩一落千丈，家人苦口婆心的话语没有在他的身上产生任何明显的效果。他自己觉得在家里缺乏温暖和爱护，而在社会上交往的“朋友”才像自己真正的亲人一样关心他、疼他。于是，他干脆不去上学，离家出走，与这些不三不四的狐朋狗友结盟，并在他们的诱惑下开始吸毒，最后发展到贩毒，并且以自己吸毒的剂量多，卖出的毒品价格高及量大为荣，显示自己的“本事”和“才华”。后来居然被推举为该小团伙的头目。家人知道他在外面的所作所为后，非常惊讶和生气，后悔对他的教育不够、方式不当，却又无可奈何，眼睁睁地看着他在犯罪道路上越走越远。朱某自己却十分得意，并经常炫耀自己在吸毒过程中所感受到的虚无缥缈的解脱，以及那种心旷神怡的暂时安慰和精神寄托。他总是这样想：老师、家长越反对的事，我越要去干；他们要我干的事，我偏不干。结果，他这种逆反心理使他在犯罪的深渊里越陷越深。家人看到他这样自我摧毁身心，非常痛心，后悔不已，不得不向警方举报了他，将他押送去了戒毒所，希望他从此能告别毒品，重新做人。

掌握辨识吸毒者的技巧

家长、老师、同学们都应该做有心人，学会观察青少年的行为变化特征，及早识别他们是否具有吸毒倾向。

一、吸毒者常见的异常行为表现

如果你身边有吸毒者，他们的身上可能会有以下行为表现。

- **厌学逃课** 吸毒使他的生活变得很懒散，对待学习和工作敷衍了事，经常旷课、迟到、早退，学习成绩急剧下降。
- **行踪诡秘** 经常在厕所或者其他僻静场所躲躲闪闪，集体行动时经常独自开溜，或者长时间闭门不出，生怕别人打扰。
- **经常要钱** 日常生活开支以外，还要花很多钱，而且说不出充足理由。不是向家长索要，就是向同学借，总是有借无还。
- **情绪易变** 情绪不稳定，波动大，一会儿欣喜若狂，一会儿又悲伤忧郁，脾气古怪暴躁，爱发火。
- **行为反常** 生活失去规律，衣衫不整，自由散漫，喜欢跟人作对，做出违反常规的事。
- **身体消瘦** 两眼无神，面色灰黄，饮食减少，体重减轻，体力明显下降。胳膊和大腿上有很多不明原因的针眼。

二、吸毒者常见的人格和心理异常

吸毒者在人格和心理上也会产生一些不同寻常的变化。表现如下。

- **感情麻木** 对集体漠不关心，对别人的困难视而不见，对个人前途失去信心，精神萎靡不振，对一切正常活动没有兴趣。
- **意志消沉** 失去了人生的理想和信念，浑浑噩噩，无聊散漫。叛逆心重。藐视国家法律法规和政策，对学校纪律和家长要求置若罔闻。
- **经常撒谎** 总想掩饰自己的缺点和过错，对要钱的理由和用钱的去处不敢袒露，甚至有偷窃行为。

三、吸毒者毒瘾发作时的典型症状

随着吸毒量增加，毒瘾会经常发作，这时，吸毒者的身体也会表现出一些典型症状：四肢抽搐、僵硬，浑身发痒；哈欠连连，脸色苍白，流泪，流鼻涕，呕吐，肚子痛，腹泻；坐立不安，狂躁，失眠，身上忽冷忽热，起鸡皮疙瘩。

发现身边的人出现以上各种表现，应该引起警觉，找医生或专业人员检查诊断，以便及时确诊治疗。当然，同学们应该注意一点，吸毒者都会出现以上症状，但并非所有出现以上情况的人都是吸毒者，有的是心理状态或身体其他方面的病因所致。不管是怎样的情况，我们都要予以关心。

警惕诱惑吸毒的八大圈套

圈套一：谎称新型毒品不上瘾

毒贩常常说新型毒品和传统毒品不一样，不会上瘾，对身体危害不大。

忠告

很多人错误地以为只有海洛因、鸦片是毒品，因为吸食这些毒品需要使用复杂的器具，有疼痛感，生理反应比较强烈，而一些新型毒品，比如摇头丸、K 粉等只能算“娱乐性”食物，就像吃药一样不会让人上瘾。这些认识都非常错误和危险。其实新型毒品同样会使人上瘾，千万不能尝试，一试难回头。

圈套二：饮料中放入毒品

在舞厅、迪厅，毒贩将毒品偷偷放入受害人的饮料、食物中。

青少年尽量少去舞厅、迪厅等人群混杂的娱乐场所。青少年在公共娱乐场所要有戒备意识，不接受陌生人提供的香烟和饮料，暂时离开座位时要有人看守饮料、食物。

圈套三：免费尝试

几乎所有吸毒者初次吸食新型毒品，都是接受了毒贩或其他吸毒人员提供的“免费”毒品诱饵，使一些人在不知不觉中对新型毒品产生依赖。此后，毒贩再以高价出售毒品给上瘾者。

忠告

始终谨记天下没有免费的午餐，“免费”的背后是欺骗，千万不能沾染毒品，对这类招数坚决说“不”。

圈套四：谎称吸毒可以解乏提神

实际上吸毒严重损害大脑中枢神经，导致精神萎靡不振、记忆衰退，最终无法学习和工作，断送前程甚至是生命。

圈套五：谎称穿越神药

忠告

不要过度沉溺于网游和穿越剧，要分清现实与幻想之间的界限，活在当下，靠吸毒穿越是很荒谬的，最后只能穿越到拘留所体会“冷宫生活”。

圈套六：谎称吸毒减肥

吸毒确实会使你体重减轻，但这是一种病态，因为吸毒成瘾后，人体的各种器官都受到损害，疾病缠身，所以面黄肌瘦，甚至衰竭而死。

圈套七：鼓吹吸毒时髦，是有钱人的象征

毒贩们往往打着这样的口号向人们兜售毒品，这是一种极其荒谬的说法，一定要保持警惕！吸毒最终的结果往往是钱财散尽、家破人亡，危害社会，害人害己。

圈套八：偶尔吸一次不会上瘾

吸食毒品会产生强烈的生理和心理依赖，只要吸食毒品都会成瘾，只是成瘾的时间长短有个体差异罢了。“一日吸毒，十年戒毒，终生想毒”。

忠告

赵某是85后湖南籍打工仔，最近他很迷恋宫廷穿越剧，电视和小说都看了好几遍。

现实中平凡的他，幻想着有朝一日能穿越到清朝，体会一把清宫生活。酷爱上网的他，1个月前在网上结识了一个女网友小施。两个人聊起穿越剧一拍即合，每天聊到三更半夜，得知赵某想穿越到清朝过把瘾，小施就说她手上有一种东西能圆他的穿越梦，赵某一听能穿越，立马来了精神，叫小施早点把东西给他。

后来，小施约赵某在宁波一家宾馆见面，赵某见到小施后，迫不及待地向她索要能助他穿越的东西，只见小施从皮夹内拿出一小袋白色的晶体，然后对赵某说这就是“穿越神药”。

小施先将晶体放在锡纸上，然后用打火机加热并用插有吸管的矿泉水瓶吸食过滤的气体，看到小施神魂颠倒的陶醉神情，赵某也过去吸了几口。

由于第一次吸食毒品，赵某感觉有些呛口，但是随后毒品的劲头一来，赵某感觉自己轻飘飘的犹如穿越一般，等他第二天醒来时才发现自己仍然在现实，原来是黄粱一梦。

失魂落魄的赵某踉踉跄跄外出时恰巧碰到民警检查，民警看到赵某精神恍惚，怀疑其有吸毒嫌疑，于是就将其带回派出所处理。面对尿检结果，赵某后悔莫及，后赵某因吸毒被行政拘留。

吸毒成瘾揭秘

如果说，吸毒者将鸦片、海洛因等毒品的刺激作用视为进入“天堂”“仙境”的阶梯，那么必有一天他们会受到毒魔极为残酷的惩罚，体会到断药后堕入“炼狱”的痛苦，跌入万劫不复的“深渊”。

鸦片类毒品可以抑制人的中枢神经系统，使大脑处于麻痹状态，从而解除疼痛、嗜睡等不适感。对于某些人来说，吸毒可以产生一种短暂的解脱感和瞬间的幻觉，暂时逃避烦恼，逃避现实生活，脑海中出现的正是你想要得到的东西；还可以使人丧失良知，干出一切坏事而又觉得于己无关。更多的吸食者是为了寻求精神上的刺激。吸食者为了反复享受这种刺激，不断寻觅和吸食毒品，以致无法靠主观意志控制自己的行为，一旦吸食，终生难以摆脱。

如果吸毒者初次吸毒是由于好奇心驱使或被毒贩诱惑，那么一而再、再而三地吸毒，甚至戒毒复吸，则是毒欲驱使的结果。这种毒欲就是我们说的“成瘾性”。这是吸毒者丧失人格、倾家荡产、堕落犯罪，在毒品漩涡中越陷越深的重要原因，也是戒毒者最大的悲剧。他们知道毒品迟早会断送自己、毁掉家庭，很想戒掉吸毒恶习，同时，他们又受毒欲驱使，想吸“最后一次”，而这最后一次却将瘾君子送入了万劫不复的深渊。

他们无法做到“最后一次”，因为吸毒成瘾的人，只要断药，就会出现难以忍受的戒断症状。在艺术作品或者戒毒所里，我们可以看到吸毒者程度不同、反应各异的戒断症状。一般来说，在吸食或注射毒品 8~12 小时后，如不继续吸毒，就会出现一系列机体异常反应和不适感，其痛苦剧烈并令人难以忍受。但是，在此期间，无论反应多么强烈，感觉多么痛苦，只要再次吸食毒品，所有的反应和痛苦都会烟消云散，好像一切都未曾发生一样。然而，8~12 小时后，其症状又会重复出现，需要不断吸食毒品来维持。这也是吸毒人员难以依靠主观意志戒除毒瘾的重要原因。

从医学角度来说，毒品使人成瘾与人脑中的类吗啡肽物质有关，它们维持着人体的正常生理活动。吸毒者吸入海洛因等毒品后，外来的类吗啡肽物质进入人体，减少并抑制了自身吗啡肽的分泌，最后只能依靠外界的类吗啡肽物质来维持人体的生理活动，自身的类吗啡肽物质完全停止分泌。而一旦外界也停止了供应吗啡肽物质，人的生理活动就出现紊乱，也就是出现了医学上所说的“反跳”或“戒断症状”。此时，只有不断供给外来的吗啡肽物质，也就是毒品，才有可能解除这些戒断症状，这就是所谓的“成瘾”。

一位“隐君子”诉说了自己吸毒上瘾后的惨痛情景：“我由于好奇心驱使，受人引诱吸毒。后来，海洛因对我来说甚至超过生命，我宁可去死，也不愿意受断药后的煎熬，那是常人难以想象的痛苦：全身颤抖、呕吐不止、发冷发热，四肢像有无数的蠕虫爬动、叮咬，并钻到骨头里……为了转移毒瘾发作时的痛苦，我在地上翻滚，用香烟烫烧自己的胳膊，甚至将碎玻璃吞进嘴里，就像一个垂死的人做最后的挣扎。就这样，一次次难以言述的痛苦，使我一次次地打消了戒毒的念头。每当我向自己的血管中推入溶解在水中的海洛因时，都会想起那些死在医院厕所里、手臂上还挂着海洛因针管的伙伴。尽管我早就意识到吸食毒品是对自己生命可怕的消耗，终有一天我会油尽灯枯，但我没有力量使自己停止注射毒品，身体上和精神上受到无尽的折磨，使我只有两个选择，要么马上死掉，要么再来一支海洛因。”

染上毒瘾怎么办?

万一有的青少年不小心上当或者因其他原因染上了毒瘾，该怎么办？这里告诉同学们一些必要的措施。

一、勇敢地告诉家长，寻求家人的帮助

任何家长都不愿看到自己的孩子染毒，一旦孩子真染上了，请千万不要害怕告诉父母，血肉亲情还是会使他们全力以赴帮助孩子，帮助孩子戒除毒瘾。因此，决不能因为害怕被歧视和责骂而封闭自己，应该向家人、朋友、老师、医生袒露自己的真实情况，以得到戒毒的帮助。

二、树立有毒必戒的决心

有些人害怕在戒毒过程中出现的戒断综合征，怕痛苦，不敢戒毒。诚然，戒毒是一个痛苦的过程，但他们应该明白，戒毒越早，痛苦越小；戒毒越迟，痛苦越大，而且毒瘾越难戒除。戒毒虽然痛苦，却是短暂的，而不戒则是痛苦一生。因此，决不能因害怕痛苦而放弃戒毒，必须痛下决心，坚决戒断。

的确，吸毒是很难戒断的，因为吸食任何毒品都会形成依赖性，

一方面是生理依赖，另一方面是心理依赖。可以肯定地说，吸毒者接受一段时间的强制戒毒治疗后，完全可以戒掉“生理毒瘾”，也就是说，在停用毒品后不会再出现毒瘾发作时的各种症状。然而，毒品产生的心理毒瘾却很难戒断，只要一有条件和环境的刺激，吸毒者就会产生重新尝试的欲望。这种欲望甚至会伴随他的一生。有一句话形容说：“十年戒毒，一朝还原。”意即戒毒再久，也可能会因他自己的心理毒瘾而毁于一旦，重新染毒。戒毒是一个漫长的痛苦的过程，要戒毒就要做好长期与毒魔抗争的准备，只有坚强的决心和毅力才能战胜毒魔。

三、采取正规戒毒治疗

必须到正规戒毒机构接受戒毒治疗，不要擅自自行戒毒。戒毒是一个复杂的系统工程，不能指望有什么奇迹发生能一夜戒断，更不能迷信游医巫师的偏方和“灵丹妙药”，否则，不仅浪费时间和钱财，还会发生意外。为了争取较好的戒毒效果，并保证戒毒者的人身安全，一定要到正规戒毒机构去接受治疗，如卫生医疗部门开办的自愿戒毒机构、公安机关强制戒毒所的自愿戒毒部。这些场所具备必要的医疗设施和经过培训的医护人员，其检查、诊断、治疗、康复、护理、观察，以及药品管理、安全措施、生活作息各方面都有一整套严格制度，到这种戒毒机构接受治疗，十分安全。

四、脱离以前的吸毒环境

吸毒者多具有团伙性，戒毒人员一旦离开戒毒机构回到社会，旧环境、老毒友以及毒贩子会对他们产生一定的诱惑和压力。事实一再证明，吸毒者的意志是相当薄弱的，很难自觉主动地排除毒品的诱惑，难以避免毒友的相互诱惑和拉拢。常跟这些人在一起，容易引起复吸冲动，加上有的毒友带着诱惑他人吸毒以达到为自己生财的目的，他们决不善罢甘休，总是会千方百计收复“失地”。所以，决心戒毒的人一定要远离毒友，远离吸毒环境。

五、不断增强体质，养成有规律的生活习惯

吸毒者由于食欲抑制，营养不良，大都面色青黄、骨瘦如柴，加上吸毒后好逸恶劳、懒散怠惰、作息不规律，体质遭到严重损害，正如人们所形容的“数日不食色如菜，蓬头垢面神似丐”。因此，在戒毒过程中增加营养是十分必要的。另外，还必须加强锻炼，参加各种文体活动。这至少有两个方面的意义：一是直接锻炼了身体，二是分散了对毒品的注意力。按时作息，重建生活节律也很重要。吸毒者的生活节律大都失常，多数白天睡觉，夜间游窜。因此，按时作息，重新调整生物钟，对恢复体质及戒后重返社会有很大的好处。

戒毒没有特效药

很多进入戒毒所的吸毒者都曾心情迫切地问：“我想用特效药，那种打一针明天就能戒掉的药!”有的吸毒者就是抱着一种侥幸心理去以身试毒的，幻想自己有朝一日不想吸时能够依靠特效药迅速彻底地把毒瘾戒除。可是戒毒可没有一般人想象的那么简单，也绝非像戒烟、戒酒那样容易，正所谓“一日吸毒，十年戒毒，终生想毒”。说的就是一旦吸毒，就会反反复复地戒毒，很难彻底戒掉。毒品存在的成瘾潜力是不以人的意志为转移的。虽然随着医疗技术的进步，躯体脱毒治疗问题已经解决，但人对毒品的精神依赖是难以在短时间内消除的，即所谓“心瘾”。毒品进入人体后作用于人的神经系统，使吸毒者出现渴求毒品的强烈欲望，驱使吸毒者不顾一切地寻求和使用毒品。一旦出现精神依赖后，即使经过脱毒治疗，在急性期戒断反应基本控制后，要完全康复原有生理功能往往需要数月甚至数年的时间，但对毒品的依赖性难以完全消除。一些吸毒者刚走出戒毒所回到原来的环境，便恢复吸毒，形成吸毒—戒毒（包括强制戒毒和自愿戒毒）—复吸—劳教戒毒的怪圈。据统计，吸毒人员戒毒后的综合复吸率为75%，个别地方甚至高达90%。所以，戒毒在更大意义上来说是与自己的心理因素做斗争。

斗得过自己的“心瘾”，就战胜了毒瘾；
斗不过自己的“心瘾”，就永远是毒品的奴隶。

李某通过多年辛苦打拼，赚了不少钱，成了腰缠万贯的大富翁。在生意场里，李某认识了一些吸毒者，他们常常向李某吹嘘说：“白粉是个好东西，吸白粉是贵族阶层的享受。”李某心想，自己赚这么多钱不也应该享受一下贵族生活吗？

于是，他开始吸食海洛因。3 年多来，他吸了又戒，戒了又吸，把全部家产变卖了化为毒资，生意也无法维持下去，辛辛苦苦经营的企业倒闭了。为戒毒，他甚至用菜刀砍断了自己的一根手指头，以表示与毒瘾一刀两断再不沾染的决心。在戒毒所几个月，他戒除了生理毒瘾，然而，走出戒毒所几天后，他又忍不住吸上了。年迈的母亲为他终日泪流满面，父亲也因忧虑过度患癌症去世了。妻子百般劝阻无奈之下离家出走，再也没有回来。在一次毒瘾发作时，他悔恨交加，狂躁不安，将家里一切能搬动的东西全部搬起来砸了，最后，他抱起一台电视机从六楼窗口跳下去，当场气绝身亡。

这个本来幸福的家庭就这样破碎了，没有特效药能挽救他。毒瘾是个十分顽固的敌人，又像忽隐忽现的幽灵，时刻折磨着吸毒者和戒毒者。但是，还是有一些胜利者从毒魔的迷雾中走出来，再次踏上了自己的光明前程。他们来之不易的成功里，同样有过痛苦，有过犹豫，但更多的是勇气，是自己坚持不懈的毅力，是顽强不息的自信。

如何看待吸毒人员

吸毒者是社会中一类特殊群体，他们既是违法者，又是受害者。从医学角度看，吸毒者也是病人，他们遭受着身心的双重折磨，必须对他们进行治疗；从社会的角度看，吸毒者是一类尤其需要帮助的“困难”群体，他们需要有人指引他们走出黑暗，重获光明。社会、家庭、医院应积极挽救吸毒者，在帮助吸毒者戒毒的不同阶段发挥各自的作用。

我们要正确地对待吸毒者，既不要把吸毒者看作是犯罪分子，不要歧视他们，但又要区别于一般的病人。由于他们心理变态、人格扭曲、行为异常，因此他们的言行常有悖情理，有不少人不知如何去对待他们。我们应该了解吸毒者存在的两极心理：一方面他们的身心受毒品支配，无法自拔；另一方面他们也确实希望摆脱这种支配，有戒毒的要求。

吸毒者不仅属于家庭，更属于社会。对吸毒者来说，走出戒毒所，重返社会，才是真正考验的开始。很多吸毒者正是因为经不起这种考验，一走出戒毒所，就和过去那些坏朋友来往，结果把持不住，再度陷入毒海之中。吸毒者由于心理障碍，常常自觉或不自觉地与社会正常人群脱节，往往无法融入社会的主流。他们中有相当一部分是误入歧途的受害者，一旦明白过来时，便感到无限羞愧，同时产生怕被社会抛弃的恐惧心理，有的怕读不了书，有的怕找不到工作，有的怕被单位开除，有的怕找不上对象。种种担忧，使他们陷入深深的精神痛苦之中。自卑，怕别人看不起，是戒断者常见的一种心态。自卑使其对他人的言语相当敏感，在和人接触中往往筑起“一道城墙”，把自己伪装起来，表面上看似不在意，其实内心深处却非常痛苦。他们把郁闷积压在心里，得不到化解，久而久之终于变得颓丧、悲愤。对于此类心理状态的人，既要开导，又要解决他们的实际问题；要多关怀、多帮助他们，而不是歧视和抛弃他们。当他们决定面对现实，洗涤身上污点重新做人时，我们应该给予他们第二次机会，这样肯定比抛弃、逼他们走回头路要有意义得多。对社会人群来说，给吸毒者一个机会，帮助他们自立、自强不是很困难的事，但对吸毒者来说，一点点热情的关怀，足以温暖一颗颗迷途失落的心，这个机会将使他们对未来充满信心，迈出坚实的第一步。

因此，对待吸毒者的原则立场是：支持和强化他们的戒毒要求，同时向他们指出：戒毒是长期的、痛苦的过程，必须坦诚待人待己，洗心革面，重新做人。换句话说，就是接纳吸毒者，要使他们摆脱依赖，与毒品决裂。

在沿海某工厂打工的小陈，19岁步入社会后，由于好奇染上了吸毒恶习。每月的工资全部变为烟雾，接着又干起偷窃厂里材料的勾当。工厂领导发觉后，并没有歧视他，更没有开除他，而是通过正面引导，送他进戒毒所，耐心地帮助他戒毒。走出戒毒所后，厂里领导安排他干些力所能及的工作，工友们也伸出了友爱之手，父母亲更是给他以慈爱之心，终于使他洗心革面摆脱了吸毒的恶习。他感慨地说：“是厂领导、父母亲和工友给了我第二次生命。”戒毒，对吸毒者来说，意味着新生活的开始。逃出毒品魔窟后，社会如能为他们提供一个新的就业的机会，使他们获得一份比较满意的工作，再次融入社会大家庭中，就可以极大地降低复吸率。

我国有关毒品的刑事法律

毒品犯罪是指违反国家和国际有关禁毒法律、法规，破坏毒品管制活动，应该受到刑罚处罚的犯罪行为。《联合国禁止非法贩运麻醉药品和精神药品公约》规定：毒品犯罪是指非法生产、制造、提炼、配售、兜售、分销、出售、交售、经纪、发送、过境发送、运输、进口或出口麻醉药品和精神药品、种植毒品原植物以及进行上述活动的预备行为和与之相关的危害行为。

从严打击、从严惩处毒品犯罪，是中国禁毒刑事立法的显著特点之一。2000 年公布的《中国的禁毒》白皮书更是进一步强调了这一立场。白皮书明确了把禁毒作为事关中华民族兴衰存亡的大事来抓，以“禁绝毒品”为根本目标，坚持禁吸、禁贩、禁种、禁制“四禁”并举，控制非法供应和防止滥用并重，为进一步禁止和打击一切从事毒品违法犯罪活动制定了一系列严厉的方针、政策和措施。

其一，对毒品犯罪种类规定齐全，确保各种毒品犯罪行为受到法律制裁。该法规定了走私、贩卖、运输、制造毒品罪等 12 个罪名及刑罚，并对毒品洗钱犯罪行为做出处罚规定。

其二，对走私、贩卖、运输、制造毒品，无论数量多少，都规定要追究刑事责任，予以刑事处罚。毒品的数量以查证属实的走私、贩卖、运输、制造、非法持有毒品的数量计算，不以纯度折算。

其三，对毒品犯罪从经济上予以制裁。对毒品犯罪，规定了并处没收财产或罚金，旨在剥夺毒品罪犯的非法收益，摧毁其再次实施毒品犯罪的经济能力。

其四，对利用、教唆未成年人走私、贩卖、运输、制造毒品或者向未成年人出售毒品的，引诱、教唆、欺骗或者强迫未成年人吸食、注射毒品的，因走私、贩卖、运输、制造、非法持有毒品罪被判过刑又有毒品罪行为的，从重处罚。

其五，对走私、贩卖、运输、制造毒品等严重的毒品罪犯处以死刑。

青少年应该自觉加强禁毒法规的学习，只有知法懂法，才能守法护法，明辨是非，增强对毒品的免疫力，做到不沾毒，不吸毒。只有掌握了法律武器，才能有效地投入禁毒斗争，为彻底消除毒害做出应有的贡献。

附录

FULU

优秀的影视作品，是影响人们精神和生活的艺术巨人

在对青少年禁毒预防教育中，与禁毒有关的影视片有着举足轻重的作用。希望更多的影视作品，关注青少年的禁毒预防教育，涌现更多更好的，能健全心智、拓展素质、提升精神、增强御毒能力的影视作品。

与毒品有关的影视作品

《鸦片战争》

该片以尊重历史、尊重现实为出发点，真实地反映了180多年前中英之间发生的一场战争的始末，再现了中国人民不屈于西方列强欺辱，奋勇抗争的英雄气概，也告诫了观众国弱就会遭受侵略的历史教训。

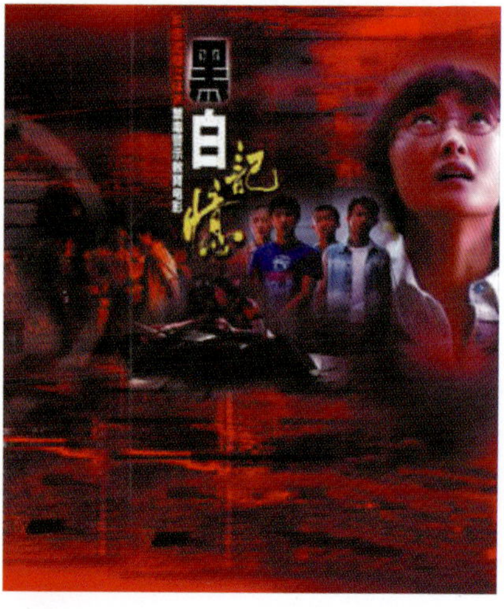

《黑白记忆》

本片取材于真实故事，以几个不同家庭背景的孩子染上毒品所经历的种种身心磨难为主线，充分揭示了毒品给个人、家庭和社会造成的严重危害；同时，影片还深入挖掘其内心世界，揭示了这些孩子染上毒品的过程和原因，揭露了毒贩们诱惑吸毒的常见手法，从而使青少年学会拒绝毒品的一些基本技巧，加强自我保护意识。

《明天》

本片讲述了男主角何一凡留学归来后，发现女友小云染上毒瘾。为了证明毒瘾是可以戒掉的，一凡选择了自己也吸食毒品，然后陪小云一起戒毒。但他也陷入不可自拔的境地。故事注定走向悲剧：小云跳楼自杀，一凡被关进戒毒所。

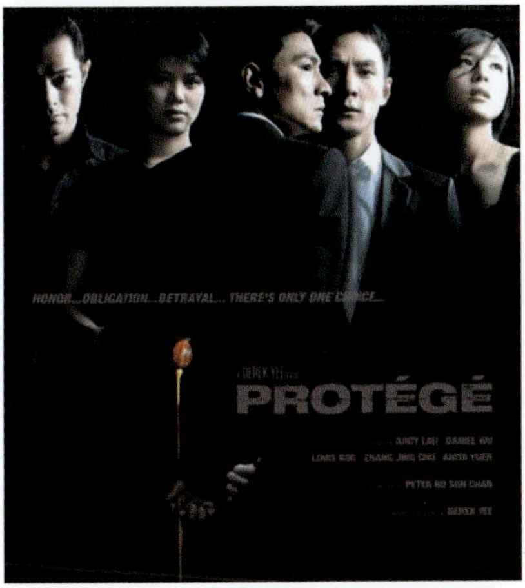

《门徒》

这部电影讲述了警方卧底打入毒贩内部的故事。影片主要描写了各种人物的内心活动和情感，突出了毒品对人类的身心、家庭各方面的危害。

《两个人的战争》

花季女孩蓓蓓因吸毒而走上邪路，母亲为挽救她想尽一切办法，她非但不能自拔，反而设计让母亲也染上了毒瘾。母亲万念俱灰，为使女儿不再害人害己，在女儿为自己祝寿的蛋糕里下了毒。中毒的女儿被医院抢救过来，母女同时住进了戒毒医院。在母亲和医护人员的帮助下，蓓蓓终于良心发现，决心告别过去。然而毒贩子像梦魇一样缠着蓓蓓不放，最后她将毒品和毒贩子投入火海，并且以自焚向世人昭示毒品的危害。

禁毒教育相关链接

公安部禁毒局 http://www.mps.gov.cn/n16/n80209/index.html
中国禁毒网 http://www.china-safety.com.cn/nc/
中国药物滥用防治协会 http://www.cadapt.com.cn/
禁毒千人关爱公益网 http://www.cncf-jdqianrenguanai.org.cn/
北京禁毒在线 http://www.bjjdzx.org/
福建禁毒网 http://www.fjncc.org/
湖南禁毒网 http://www.hnjd.net/
云南禁毒网 http://www.ynjd.gov.cn/pubnews/
上海市禁毒科普教育馆 http://www.shjdg.org/
香港戒毒会 http://www.sarda.org.hk/
美国毒品法院专业人士协会 http://www.nadcp.org/nadcp-home/